ILLUSION GRÜNE SCHWEIZ

Auslagerung ökologischer Kosten

Layout und Gestaltung:
Paul Baumann

Textkorrektur:
Claudia Würsch

Cover Design:
Chalid Baumann

1. Auflage 2025
Kontakt: paul.baumann@bluewin.ch

© 2025 Paul Baumann
Verlag: BoD · Books on Demand GmbH, In de Tarpen 42,
22848 Norderstedt, bod@bod.de
Druck: Libri Plureos GmbH, Friedensallee 273, 22763 Hamburg
ISBN: 978-3-7693-2874-5

Vorwort

Dieses Buch ist für interessierte Leser geschrieben, die nicht unbedingt wissen wollen wie alles im Detail technisch funktioniert, jedoch einen Überblick über die Auswirkungen der vorgetäuschten, grünen Technologien hierzulande oder global haben möchten. Es ist für Leser, die nicht zufrieden sind mit all den billigen Aussagen und Ausreden sowie der Schönfärberei. Es ist für Leser, die etwas kritischer unterwegs sind und durchaus ihre eigenen Schlüsse ziehen können, wenn sie entsprechend informiert werden.

Es gibt unzählige Berichte, die alle neuen Technologien als die Lösung unserer Umweltprobleme darstellen. Auch wird in den Medien nur allzu oft sehr einseitig berichtet. Ständig hören wir von Umwelt- und Klimaaktivisten sowie vielen sogenannten „Grünen", dass die Welt verändert werden muss. Dazu haben sie oft auch viele Ideen, was alles gemacht werden sollte. Mit Elektroautos, Windkraftwerken und Solarmodulen soll möglichst bis im Jahr 2030 alle Energie hergestellt werden. Der Bundesrat will bis im Jahr 2050 das Ziel CO_2 neutral, das heisst so schön netto null, erreichen. Falls wir dieses CO_2-Ziel nicht erreichen, können wir zusätzlich einige Emissionszertifikate vom Ausland kaufen. Dann sind wir als Schweizer fein raus und können uns auf die grüne Schulter klopfen. Solche Aussagen sind erstaunlich. Das Klima scheint gerettet, wenn die Schweiz innerhalb ihrer Grenzen netto null erreicht.

Wenn die Schweiz von heute auf morgen verschwinden würde, würde dies das Klima in keinster Weise beeinflussen. Wenn wir das nicht einsehen, halten wir uns für zu wichtig. Wollen wir ehrlich zu uns sein oder uns selbst belügen? Wollen wir auf Annehmlichkeiten verzichten? Vermutlich nicht. Niemand, auch keine Grünen oder Umweltaktivisten und schon gar keine Normalos, wollen diese unverzichtbaren Geräte missen. Wir wollen alle bequem und günstig unser Leben leben. All das kostet. Ohne Verzicht werden wir nie unsere Energie und Umweltprobleme lösen. Alle wollen stets die Umwelt schützen. Trotzdem wurde die Biodiversität Abstimmung wuchtig abgelehnt. Sogar die Bauern wollten das nicht umsetzen. Kostet zu viel. Schuld sind wir alle, wir wollen immer nur und sind nicht bereit dafür, etwas zu tun oder zu bezahlen. Wenn die Bauern mehr Fläche für die Biodiversität bereithalten müssen, sinkt natürlich die Gewinnmarge. Das würde heissen, die Produkte wären etwas teurer. Genau das gleiche Thema ist das ständige Krankenkassen-Gejammer infolge Prämienanstieg. Verzichten auf etwas will niemand. Also wird's auch nicht billiger. Wir lügen uns ständig etwas vor. Die Politiker von Berufswegen, da wir sie nicht mehr wählen wenn sie uns nicht anlügen und wir aus Bequemlichkeit. Immer mehr Menschen wollen immer mehr Luxus. Die Einwohner der Schwellen- und Entwicklungsländer wollen in Zukunft auch an diesem Luxus teilnehmen. Wohin dies führt, kann sich jeder selbst ausmalen. Die Lösung liegt sicher nicht bei „sauberen Autos in der Schweiz", Windmühlen und PV-Anlagen, die im Sommer Strom liefern. Und der Ansatz, die Alpen mit PV-Anlagen zu bepflastern, ist nicht fertig gedacht und ausgereift. Politisch kann dies gut verkauft werden, um auf sich aufmerksam zu machen, was Politiker nun mal tun müssen. Komischerweise werden die E-Autos auch immer grösser und schwerer, was ökologisch keinen Sinn ergibt. Immer mehr Mütter fahren ihre Kinder zur Schule in riesigen SUVs. Unser Verhalten rettet nicht das Klima, sondern fördert ganz im Gegenteil andernorts grössere Schäden, als dies bei uns der Fall wäre. Zusätzlich werden wir von ausländischen Minen und Unternehmen abhängig, deren Produktion wir nicht beeinflussen können. Die Kosten für eine grüne Schweiz, die im Ausland entstehen, scheinen wie so oft nicht zu zählen. Wir sprechen nicht von finanziellen Kosten sondern von ökologischen und menschlichen Kosten. Eigentlich ist auch das Wort Kosten noch falsch. Wir sollten von Tragödien sprechen. Der ganze Rohstoffabbau um die sauberen Techniken bei uns zu ermöglichen, verursacht Schäden, die je nach Studie sogar grösser sind als der Nutzen bei uns. Aber diese Schäden sind weit weg, interessieren demzufolge niemanden. Welche Klimaaktivisten, die gerne demonstrieren und offen ihre Meinung laut brüllen, verzichten auf ein Handy mit super-Akku und Touchscreen. Vermutlich keine. Jeder kauft jedes Jahr oder zumindest jedes zweite Jahr ein neues Modell. Die alten Modelle werden nicht wiederverwendet, da dies ökonomisch kein Sinn macht, da der Abbau der Rohstoffe billiger ist. Aber genau diese Technologien brauchen Rohstoffe, sogenannte seltene Erdmetalle wie das Neodym, deren Abbau riesige ökologische Katastrophen verursachen. Wir müssen unser Klima schützen, daran geht kein Weg vorbei. Es ist auch klar, dass wir von den fossilen Rohstoffen wegkommen müssen. Die Frage ist nur wie? Wir sind daran uns abzuschaffen, da wir bereits jetzt vier Erden benötigen würden, um unseren Bedarf zu decken, wenn die gesamte Weltbevölkerung gemäss unserem Standard und unseren Bedürfnissen leben wollte. Somit gibt es nur einen einzigen Weg, wir müssen unseren Energie- und Ressourcenverbrauch reduzieren. Wir müssen mit weniger auskommen wollen. Leider scheint der Mensch nicht dazu gemacht mit weniger zufrieden zu sein, sondern will immer mehr und weiss nicht, wann es genug ist. Das Zitat des deutschen Philosophen Karl Joseph Simrock drückt dies wunderbar aus:

„Nicht wer viel hat, ist reich, sondern wer wenig bedarf.“

So ein Szenario ist für Politiker, die wiedergewählt werden wollen, undenkbar. Dieses Buch soll dem Leser einen Überblick geben, betreffend unserem Bedarf von seltenen Erdmetallen und anderen nötigen Rohstoffen und deren Abbau mit ihren immensen schädlichen Auswirkungen. Ebenso soll aufgezeigt werden für welche Technologien wie Solarmodule, Windgeneratoren und E-Autos etc. welche Rohstoffe nötig sind. Es soll einen Überblick geben, woher diese Rohstoffe kommen und den daraus resultierenden Abhängigkeiten. Das Thema der Stromherstellung um den riesigen Bedarf der geplanten E-Auto Zunahme zu decken, wird auch angesprochen. Dazu gehört auch der Ausbau der Netze mit den dazu benötigten riesigen, zusätzlichen Kupfermengen. Das Ziel dieses Buches soll sein, dass der interessierte Leser sich danach eine eigene Meinung bilden kann betreffend der Frage, wie sinnvoll diese im Kern sauberen Technologien sind, und welche unschönen Nebenerscheinungen und Verstrickungen daraus entstehen.

Bild 1:   Solardach: Hartmann Energietechnik

Kinder werden oft ausgebeutet, um die Rohstoffe möglichst billig für unsere sauberen Luxusprodukte abzubauen. Dabei werden vielfach unsaubere Methoden angewendet.

Bild 2:   Mine in Madagaskar, Kinderarbeit

Inhaltsverzeichnis

Tabellenverzeichnis

Bildverzeichnis

Politik und Umweltziele

Das Thema des Umweltschutzes existiert bereits seit den späten 50er Jahren durch Einführung diverser Gesetze. Global wurde das Thema auf der politischen Bühne erstmals 1979 in Genf bei der ersten Weltklimakonferenz diskutiert. In Genf wurde durch die Unterzeichnung der Umweltschutz-Akte der Weltklimaorganisation WMO der Klimaschutz zum globalen Thema. Es dauerte weitere neun Jahre bis 1988 in Toronto bei der nächsten Weltklimakonferenz auf freiwilliger Basis eine Reduktion des CO_2-Ausstosses um 20% beschlossen wurde.

Der nächste Schritt wurde 1992 auf dem Umweltgipfel in Rio de Janeiro getan. Es wurde beschlossen, ebenfalls auf freiwilliger Basis, die Treibhausgasreduktion bis im Jahr 2000 auf das Niveau von 1990 zu senken. Zu den Treibhausgasen gehören das Kohlendioxyd CO_2, zusätzlich auch das Methangas CH_4 und das Lachgas N_2O. Letztere werden hauptsächlich in der Rinderzucht und Landwirtschaft verursacht. Ab 1995 wurden jährliche Klimakonferenzen abgehalten. Die wichtigsten Anlässe und Ergebnisse sind in Tabelle 1 zusammengefasst. 1997 ist ein wichtiges Jahr. In Kyoto wurde als Basis für das spätere Kyotoprotokoll die Treibhausgasemission vom Jahr 1990 als Vergleich festgelegt. Ebenfalls wurde die Idee mit dem Handel von Emissionsrechten geboren. Im Jahr 2005 wurde das Kyotoprotokoll von ersten Ländern ratifiziert. Im Jahr 2007 auch von Australien und den Schwellenländern. Einzig die USA lehnte das Abkommen ab. Das Abkommen wurde bis 2012 befristet. Im Jahr 2010 wurde in Cancun beschlossen, die Erwärmung seit vorindustrieller Zeit auf unter 2 Grad Celsius zu halten. Ebenfalls wurde ein Klimaschutzfonds ins Leben gerufen. Das auslaufende Abkommen wurde 2013 nicht erneuert. Viele Staaten spielten auf Zeit. Erst an der Klimakonferenz in Paris

Meilensteine der wichtigsten Klimakonferenzen			
1979	1. Weltklimakonferenz	Genf	Unterzeichnung der UNO-Umweltschutz-Akte der Weltklimaorganisation WMO.
1988	Weltklimakonferenz	Toronto	Reduktion Ausstoss CO2 bis 2005 um 20%, freiwillig.
1992	Umweltgipfel	Rio de Janeiro	Beschluss Treibhausgasreduktion bis 2000 auf Niveau 1990 zu reduzieren, freiwillig.
1995	1. UN-Klimakonferenz	Berlin	Basis für Verhandlungen festgelegt.
1997	UN- Klimakonferenz	Kyoto	Beschluss Treibhausgas Emissionen 1990 als Vergleichswert für weitere Ziele anzusehen. Idee Handel mit Emissionsrechten.
2000	UN- Klimakonferenz	Den Haag	Verhandlungen scheitern.
2001	UN- Klimakonferenz	Bonn	Beschluss Kyoto Protokoll zu ratifizieren. USA steigt aus.
2005		Montreal	In Kraft Setzung des Kyoto Protokoll, USA lehnte ab.
2007		Bali	In Kraft Setzung des Kyoto Protokoll, Australien und Schwellenländer.
2008	UN-Klimakonferenz	Polen	Kein Ergebnis.
2009	UN-Klimakonferenz	Kopenhagen	Kein Ergebnis, auslaufendes Klimaabkommen, wurde nicht erneuert.
2010	UN-Klimakonferenz	Cancún	Beschluss Erwärmung auf unter 2C°, Klimaschutzfond, Sicherung Biodiversität und Entwaldung.
2012	UN-Klimakonferenz	Doha	Kein Beschluss, Vorbereitung für 2015 in Paris inkl. USA.
2013	UN-Klimakonferenz	Warschau	Entscheidung aufgeschoben.
2015	UN-Klimakonferenz	Paris	Globaler Klimaschutzvertrag, Beschluss Erwärmung. auf 1.5°C zu beschränken, inkl. USA.
2017			USA Austritt aus dem Klimaschutzabkommen.
2019	UN-Klimakonferenz	Madrid	Nullrunde.
2021			Verhandlungen scheitern.

Tabelle 1: Die wichtigsten Klimakonferenzen

im Jahr 2015 konnte ein erster globaler Klimaschutzvertrag inklusive Amerika, das sogenannte Pariser Wunder, beschlossen werden. Schon bald danach im Jahr 2017 tritt Amerika mit Donald Trump aus diesem Abkommen wieder aus. Kürzlich im Jahr 2021 machte Joe Biden dies rückgängig und Amerika trat dem Abkommen wieder bei.

Diese Meilensteine zeigen gut, wie lange die politischen Mühlen brauchen, um Beschlüsse zu fassen. Auch gefasste Beschlüsse sind sehr fragil und können gekündigt oder einfach nicht eingehalten werden. Es spielt immer auch die Ökonomie mit. Die meisten Staatsoberhäupter, wie auch die Bürger, sind sich bewusst, dass das Klima geschützt werden muss. Die eigenen Interessen und Ziele kommen allerdings an erster Stelle und da zählt hauptsächlich das wirtschaftliche Wachstum. Für die westlichen Staaten ist das Anliegen für Klimaschutz ein anderes als für aufkommende Schwellenländer. Während der Industrialisierung war der Westen auch ein grosser Umweltsünder. Durch die Idee mit dem Handel von Emissionsrechten können sich Umweltsünder durch Kauf von Zertifikaten reinwaschen. Diese Idee kommt aus dem ökonomischen Lager. Die Umweltschutzmassnahmen können somit dort vorgenommen werden, wo der Aufwand am geringsten ist und umgekehrt dort, wo der Aufwand enorm wäre, weggelassen werden. Das ist ein typisches Verhalten der Kostenverlagerung. Einen Bereich reinhalten, um anderswo, wenn möglich weit abseits und möglichst unsichtbar, Verschmutzung zu betreiben. Diese „Lüge", zusammen mit dem Satz von Frau Bundesrätin Sommaruga, „Netto null in der Schweiz ist möglich und finanzierbar", waren der Auslöser dieses Buches. Wir wollen eine vorgetäuschte saubere, grüne Schweiz, die andere Seite der Welt interessiert uns nicht. Es scheint, dass das globale Klima innerhalb der Schweiz gerettet werden kann. Saubere Schweiz auf riesigen, ökologischen Kosten weit abseits vom Auge. Wir könnten auch unsere furzenden Kühe nach China auslagern, damit diese dort furzen, um die Methangas-Emission der Viehzucht in der Schweiz zu senken. Das Klima wäre dann aus Schweizer Sicht gerettet.

Die Politik hat sich zum Ziel gesetzt, die Treibhausgasemissionen zu senken. Somit entstanden z.B. Vorschriften für Automobilhersteller, die ihrerseits die Emissionen der Autos senken müssen. Dies gilt allerdings für den Betrieb. Die Automobilhersteller machten ihre Hausaufgaben, da sie keine Strafabgaben bezahlen wollten. Falls die vorgegebenen Emissionswerte nicht eingehalten werden können, ist ein Elektroauto ideal. Während dem Betrieb werden keinerlei Emissionen freigesetzt. Was die Politik vergessen hat, sind die ganzen Rohstoffsünden, die grauen Energien, die bei der Produktion anfallen und das Recycling, das nicht gemacht wird, da die Kosten höher sind als neue Rohstoffe zu besorgen. Also fällt wieder Abfall an, der die Umwelt weiter belastet. Natürlich werden laufend Vergleiche von Elektroautos zu Benzinern gemacht, mit dem Ergebnis, dass Elektroautos nur halb so viel CO_2-Emissionen verursachen als Benziner. Bei diesen Vergleichen wird uns nichts darüber berichtet, was genau in den superschönen Berechnungen, die wir nicht sehen dürfen/können, alles inbegriffen ist. Da wird wieder kräftig die Propaganda-Mühle gedreht und die Öffentlichkeit wird für dumm verkauft und schlichtweg angelogen. Dieses Thema wird im Kapitel E-Autos genauer behandelt.

Ganz allgemein kann gesagt werden, dass die unsichtbare, unsaubere Seite der grünen Energien bewusst verschwiegen wird. Der Mensch will sich darüber keine Gedanken machen. Er bevorzugt schön geredete, scheinbar saubere Lösungen, um sich einen sauberen Anstrich zu geben. Für die Politik und die Industrie steht viel auf dem Spiel. Somit haben auch diese Player jedes erdenkliche Interesse, die Wahrheit, betreffend der verlagerten Verschmutzung, zu verschleiern oder zu beschönigen. Recherchen von Menschenrechtsorganisationen wie „Misereor" und „Brot für die Welt" zeigen, dass Staaten ihrer primären Aufgabe, der Kontrolle des Rohstoffabbaus, nicht nachkommen (gemäss OECD 2011). Die Strategie der Unternehmen, die im Rahmen von Corporate Social Responsibility für die ganze Produktionskette gelten, kommt dieser Verantwortung durch das

Ausfüllen von billigen Papieren ohne Kontrolle vor Ort keineswegs nach. Ganz im Gegenteil werden die Rohstoffe unter menschenrechtsverletzenden Bedingungen, gravierenden Umweltschäden, Konflikten der Bevölkerung und wachsender Kriminalisierung für unsere sauberen Techniken abgebaut.

Gemäss den UN-Leitprinzipien für Wirtschaft und Menschenrechte sind die Staaten zum Schutz der Menschenrechte und zum Schutz der Bevölkerung vor Verstössen durch Unternehmen verpflichtet. Ebenfalls sind die Unternehmen verpflichtet, die Menschenrechte einzuhalten. Dies entspricht auch dem Verhaltenskodex der OECD-Leitsätze für multinationale Unternehmen bei Auslandinvestitionen und der Zusammenarbeit mit ausländischen Zulieferern. Dabei sollen die Menschenrechte, die Wahrung von Umwelt und Arbeitsrechten garantiert werden. Zusätzlich müssten Staaten und Unternehmen Beschwerdeinstanzen einrichten, damit Betroffene sich rechtliches Gehör verschaffen können.

Das sind schöne theoretische Papiere, sogenannte zahnlose Tiger. Das United Nation Environment Programm UNEP hat festgestellt, dass weltweit 40% aller Konflikte mit dem Abbau von Ressourcen zusammenhängen. Auch gemäss UN-Menschenrechtsrat UNHRC ist der Rohstoff-Abbau derjenige Wirtschafts-Sektor mit den grössten Menschenrechtsproblemen. Dies bestätigt auch eine Untersuchung der Universität Maastricht. In grossen

Teilen von Südamerika, Zentralafrika und im fernen Osten herrschen bewaffnete Konflikte, örtlich begrenzte oder sogar ausgedehnte Kriege.

Das zeigt, dass die Lieferketten nicht durchsichtig sind und die Produktionsfirmen kein Interesse oder auch keine Möglichkeiten haben, die Zulieferer zu überprüfen. Viele bekennen sich zu den OECD-Leitsätzen. Leider sind das nur Lippenbekenntnisse, da keine echten Prüfungen vor Ort stattfinden und auch keine griffigen Vertragsklauseln bei Verletzungen der Menschenrechte bestehen. Auch die Staaten haben kein Interesse diese Zustände zu ändern, sei es aus ökonomischen oder politischen Gründen und Abhängigkeiten.

Klimafreundliche Technologien

Die drei meistgenannten Lösungen, um das Klima zu schützen, heissen; Elektroauto, Windgeneratoren und Photovoltaik (Bild 3). Der Einsatz dieser drei Technologien soll das globale Klima verbessern. Tun sie das oder verursacht der Dreck anderswo sogar noch grössere ökologische Schäden? In diesen drei Technologien sind viele „seltene" Erdmetalle, auch als seltene Erden bekannt, enthalten, welche unter katastrophalen ökologischen und menschlichen Bedingungen abgebaut werden.

Diese Erdmetalle sind auch in vielen anderen nicht mehr wegzudenkenden Produkten des täglichen Gebrauchs enthalten.

Dieses Buch soll aufzeigen, wie heuchlerisch wir alle unterwegs sind. Wenn wir auf nichts verzichten wollen, müssen wir uns auch im klaren sein, was wir verursachen, ohne uns einen grünen Alibi-Umhang umzuhängen.

Die Japaner nennen die 17 Elemente der seltenen Erdmetalle „Vitamine der Industrie". Ohne diese Metalle gäbe es keine Handys, Plasmabildschirme, IPads, Festplatten oder Energiesparlampen, auch keine Kameralinsen oder Lambda Sonden. Ebenfalls gäbe es keine künstlichen Hüftgelenke, Hochleistungsbatterien und Magnete für E-Autos und Windturbinen, auch keine Katalysatoren und vermutlich noch viele andere Produkte auch nicht.

Nebst den seltenen Erdmetallen werden auch in immer grösserem Ausmass die vielfältigsten Rohstoffe wie Eisen, Kupfer, Grafit, Aluminium, Selen, Zink, Nickel, Platin, Chrom und viele mehr benötigt. Diese werden ebenfalls unter katastrophalen Bedingungen für Mensch und Umwelt abgebaut. Laut der Studie „Metals for a low-carbon society" der Universität Grenoble sind die benötigten, metallischen Rohstoffe für Windkraft- und Photovoltaikanlagen um ein Vielfaches höher als für Atomkraftwerke oder fossile Kraftwerke mit vergleichbarer Energiekapazität. So benötigt eine Photovoltaik oder Windkraftanlage im Vergleich mit einer fossilen Anlage; 15 mal mehr Zement, 90 mal mehr Aluminium und das 50 fache an Glas, Kupfer und Eisen. Durch die rasante Steigerung an Rohstoffbedarf der neuen Technologien wird sich die Thematik der schädlichen Abbau- und Produktionsbedingungen noch um ein Vielfaches verschärfen. Dieser exponentiell ansteigende Markt ist ein riesiges Geschäft. Die Produkte müssen immer konkurrenzfähiger werden, also billiger. Das sind alles schlechte Voraussetzungen, um das Klima zu retten.

Zusammenfassend kann gesagt werden: Es gibt keinen nachhaltigen Rohstoff-Abbau. Die Frage lautet somit: Wollen wir die Klimaneutralität auf Kosten von öden und vergifteten Landschaften, vertriebenen Menschen und verseuchten Gewässern erreichen? Eine saubere Energiewende wird es kaum geben, weil nachhaltiger Ressourcenabbau schlichtweg nicht möglich, da zu teuer

ist. Das Hauptproblem sind wir. Wir lügen uns ständig an und wollen doch keinen Franken extra bezahlen, damit die Produktion klimafreundlicher würde und die Umweltkosten gerechter verteilt würden.

Bild 3: Forschungszentrum, Kreklau
        Foto: Jülich / Sascha

E-Autos

Die Energiewende im Bereich Autoindustrie ist vor allem ökonomisch motiviert. Man sehe sich nur um im Genfer Autosalon. E-Autos sind omnipräsent.

Staatliche Förderung/Verordnung

Die Fahrzeuge werden als schadstofffrei und grün angepriesen. Die Käufer wollen einen Beitrag ans Klima leisten und ein sauberes Auto kaufen. Die Autohersteller, gezwungen durch die Auflagen, gegründet im Pariser Klimaabkommen und den Auflagen der europäischen Kommission, müssen Fahrzeuge anbieten mit stark reduziertem Schadstoff-Ausstoss. Ansonsten sind Strafzahlungen fällig. Gemäss Vorhersagen der Autohersteller wird sich das E-Auto vom Nischenprodukt zum Massenprodukt wandeln. Ebenfalls preisen die Autohersteller die E-Autos ohne Nebenwirkungen an. E-Autos haben nur Vorteile.

Sämtliche E-Auto Hersteller haben auf freiwilliger Basis die OECD-Leitsätze für die Erfüllung der Sorgfaltspflicht zur Förderung verantwortungsvoller Lieferketten anerkannt. Die UN-Leitprinzipien sehen vor, dass Unternehmen eine Grundsatzerklärung zur Achtung der Menschenrechte abgeben, ihre gesamte Wertschöpfungskette und Geschäftsbeziehungen auf menschenrechtliche Risiken untersuchen und wenn nötig Massnahmen ergreifen, um Missstände zu beheben. Es existieren die vornehmsten Absichts-erklärungen, nur getan wird nichts. Die meisten Hersteller wissen nicht genau, wo und unter welchen Auswirkungen die Rohstoffe abgebaut werden. Genau wie in der Politik, viele Worte und keine Taten. Sind E-Autos, durch die Produktion der Rohstoffe, sogar Umweltsünder?

Gemäss einer Fraunhofer Studie wurden die nötigen Fahrkilometer des Break-Even-Point der Treibhausgasemission von Batteriefahrzeugen gegenüber konventionellen Fahrzeugen verglichen. Die benötigten Kilometer hängen stark davon ab, ob der Strom aus fossilen- oder erneuerbaren Energien stammt.

Bei Kleinwagen mit Batteriegrösse 40kWh und Strom aus erneuerbaren Energien sind 18'000km nötig. Bei Strom aus fossilen Energien bereits 52'000km. Bei Mittelklassewagen mit 58kWh Batteriekapazität sind 42'000-58'000km respektive 100'000-125'000km nötig.

Bei einem Oberklassewagen mit 120kWh mit Strom aus erneuerbaren Energien sind 70'000-90'000km nötig. Mit Strom aus fossilen Energien sind sogar 170'000-200'000km nötig.

Damit die Treibhausgasbilanz von E-Autos besser abschneidet als bei Benzinern sollten nur Kleinwagen gefahren werden. Bei grösseren Wagen sind bis 200'000km oder mehr nötig.

Das Ganze rechnet sich höchstens ökonomisch im Betrieb. Diese sogenannt grünen Fahrzeuge werden von der Politik sogar in der Anschaffung vergünstigt. Vermutlich werden künftig die Strassenverkehrssteuern etc. gesenkt. Also wird eine frühzeitige Investition in ein neues Auto schmackhaft gemacht, bevor die Lebensdauer des alten erreicht ist. Wirtschaftlich kann auch das Sinn ergeben, aber nicht aus einer ökologischen Betrachtungsweise.

Rohstoffverbrauch
Gemäss einer Studie von „Brot für die Welt" braucht die Rohstoffbeschaffung für E-Autos 80'000 Liter Wasser pro Auto.

Andere Studien und Berechnungen sprechen von mindestens 20'000 Liter. Problematisch sind solche Wasserverbräuche vor allem, wenn in trockenen Regionen Wasser für die Lithium Herstellung verdampft wird. So variiert die CO_2-Bilanz von E-Autos von deutlich besser zu Benzinern bis umgekehrt. Welche Kosten in welchem Umfang eingerechnet wurden, weiss niemand. Wir werden nach Strich und Faden manipuliert. Jeder präsentiert seine Studie, um seine politischen und ökonomischen Ziele zu rechtfertigen.

Die Angaben der Rohstoffe variieren beträchtlich. In der folgenden Tabelle 2 sind die durchschnittlichen Angaben der meisten Quellen aufgelistet.

Benzin/Diesel		"Akku 50 kWh , Gewicht 1500kg"		Herkunft/Abbau
800kg	Stahl	1000kg	Stahl	Brasilien, Kanada, Südafrika
100kg	Aluminium	150kg	Bauxit , Aluminium	Guinea, Australien, China
100kg	Kunststoff	100kg	Kunststoff	
80kg	* Nickel	100kg	* Nickel	China, Indonesien. Philippinen
50kg	* Graphit	80kg	* Graphit	China, Indien, Brasilien, Mexiko
50kg	Bordcomputer	60kg	Bordcomputer	
50kg	* Kupfer	110kg	* Kupfer	Peru, Chile, Brasilien, Australien
40kg	Gummi, Plastik	50kg	Gummi, Plastik	Südostasien
40kg	Chrom	40kg	Chrom	Südafrika, Simbabwe, Kasachstan
30kg	Silizium	40kg	Silizium	China, Russland
30kg	Glas	30kg	Glas	Deutschland, Frankreich, Italien
	---	20kg	* Kobalt	Kongo, Russland, Australien
	---	20kg	* Mangan	Gabun, Südafrika, Australien
	---	12kg	* Lithium	Australien, Chile, Bolivien
		10kg	Zink	Australien, Schweden, USA
4kg	Magnesium	4kg	Magnesium	China
2kg	Titan	2kg	Titan	Australien, Kanada, Südafrika
2kg	Molybdän	2kg	Molybdän	USA, China, Chile
1kg	Carbon	1kg	Carbon	USA, England, Deutschland
10g	Silber	10g	Silber	Mexiko, Guatemala, Russland
5g	- Gold	5g	- Gold	USA, Usbekistan, Südafrika
	---	5g	- Tantal	Kongo, Ruanda, Brasilien
		2g	Platin Group: Platin, Iridium, Osmium, Palladium, Rhodium, Ruthenium	Südafrika, Russland, Simbabwe
1g	Indium	1g	Indium	China
1g	Tellur	1g	Tellur	Rumänien, Mexiko, USA
3g	Zirkonium	3g	Zirkonium	Indien, USA, Australien, Sri Lanka
1g	Antimon	1g	Antimon	China, Bolivien, Australien
1g	Gallium	1g	Gallium	China

0.5kg	- Zinn	0.5kg	- Zinn	Asien, Südamerika, Zentralafrika
		20kg	• seltene Erden	
	---		•Dysprosium	China
	---		•Neodym	China
	---		• Yttrium	China
	---		• Europium	China
	---		• Cerium	China
	---		• Lanthan	China
1.6km	Verkabelung	1.6km	Verkabelung	

* Ökologisch kritische Abbaumethoden
•Seltene Erden, bedenklicher Abbau in China
- Konfliktmineralien, Finanzierung Kriegsherren

Tabelle 2: E-Auto/Benziner im Vergleich

Leistungsstarke Modelle

Alle, die Hersteller, Verkäufer wie die Käufer, wollen grün sein. Es wird auch sehr viel schöngeredet und mit wunderschönen, grünen Bildern dargestellt. Von den 80 zur Verfügung stehenden Modellen werden nur 27 Modelle mit Leistungen unter 150PS produziert. Davon leisten 8 Modelle weniger als 100PS. Nur gerade 4 Modelle stehen bei der sparsamsten Kategorie, Leistung unter 20PS, zur Auswahl. Die grosse Mehrheit verfügt über sagenhafte 200 bis 400 PS. Viele davon in SUV-Ausführungen. Das verstösst komplett gegen alles „Grüne-Denken". Warum in aller Welt produzieren die Hersteller dann nicht kleine E-Autos, sondern meist grosse Boliden. Da gibt es nur eine Antwort. Der Markt bestimmt. Die sogenannt „grünen Kunden" wollen grosse, schwere, prestigeträchtige E-Autos. Nur macht dieses Verhalten ökologisch keinen Sinn. Das riesige Gewicht und die verlangten grossen Reichweiten erfordern riesige und wiederum schwere Batterien. Ladeverluste sind vermutlich auch nirgends berücksichtigt. Es wird mit beschönigten Nettozahlen gerechnet. Nach Herstellerangabe sind bei schonendem Gebrauch nach 7 Jahren noch 70% der Kapazität vorhanden. Vermutlich eher weniger, und die Batterie muss ersetzt werden, sonst könnten elektronische Steuerungsausfälle verursacht werden, da gewisse Sensoren empfindlich reagieren. Wie viele Batterien wurden für einen Lebenszyklus eingerechnet? Also immer reichlich Rohstoffe konsumieren, die Verschmutzungen auf der anderen Seite der Welt verursachen. Natürlich mit einem grünen Anstrich, da beim effektiven Fahren keine CO_2-Emissionen entstehen. Was für eine sich selbst vorgetäuschte Lüge.

Plug-in Hybride, zwei Antriebe
Noch weniger Sinn machen die Plug-in Hybrid-Fahrzeuge. Da wird zusätzlich ein leistungsstarker Motor mit einem Elektromotor ausgerüstet. Das bedeutet zusätzliches Gewicht und Rohstoffverbrauch. Auch bei diesen Auto-Typen wird nicht Grün gedacht. Von etwa 140 Modellen, die zurzeit angeboten werden, haben gerade 7 Modelle weniger als 150PS. Die meisten sind mit Motoren ausgerüstet die 200 bis 400PS stark sind, unheimlich schnell beschleunigen und eine grosse Reichweite besitzen. Alles gute Qualitäten, aber nicht ökologisch sinnvoll.

Flächendeckende Lademöglichkeiten

Ein anderes Thema ist die Bereitstellung der Elektrizität für all die geplanten, „grünen" E-Autos. Es wird riesige Verteilnetze benötigen mit vielen tausend Kilometer Kupfer Leitungen. Dies wird zusätzlich enorme Kosten verursachen, ökonomische wie ökologische.

Stromproduktion

Der CO_2-Verbrauch für die Stromherstellung wird natürlich grün berechnet alles von sauberer Wasserkraft. Diese deckt (in der Schweiz) bereits heute nur 52.8% des Verbrauchs ab (Bundesamt für Statistik). Nur gerade 9.4% kommen aus erneuerbaren Energien, das restliche Drittel aus Kernkraft und fossilen Energien. Jean Syrota, Präsident der Cogema (Compagnie Générale des Matières Nucléaires) hat im Auftrag des französischen Präsidenten Sarkozy eine Studie herausgegeben betreffend Herkunft und Produktion von Elektrizität. Sein Fazit: Die meisten Länder der Welt produzieren Strom aus fossilen Brennstoffen wie Kohle, Erdöl und –gas. Werden E-Autos mit fossil-produziertem Strom betrieben, ist der CO_2-Ausstoss grösser als bei einem Auto mit Verbrennungsmotor. Sollte sich diese Stromproduktion nicht ändern, mittelfristig sieht es nicht danach aus, und die Produktion von E-Autos zunehmen, wird dies das Klima negativ beeinflussen. Dieser Bericht wurde nie veröffentlicht. Er passte nicht in das Konzept der Regierung. Sarkozy prophezeite auf der Automobilmesse 2008 dem E-Auto eine leuchtende Zukunft. Frankreich will in der E-Auto-Industrie unbedingt Markführer werden. Durch die enorme, geplante Zunahme der E-Autos, durch die Förderung der Regierungen, wird sich der Strombedarf enorm vergrössern. Dadurch wird der Anteil von Grün produziertem Strom abnehmen. Da müssen wir uns die Frage stellen: Können wir das Klima durch E-Autos retten, wie es von der Autolobby und den Politikern vorgebetet wird? Haben wir nicht nur die Verschmutzung verlagert und eventuell die Bilanz und das Klima verschlechtert. Wir leben alle auf derselben Erdkugel und das Klima ist ein globales Thema und hört nicht bei den Landesgrenzen auf. Bestenfalls haben wir die Luft vor unserer Haustür sauberer gemacht und die Schadstoff Emissionen ins Ausland exportiert. Auch Nicolas Meilhan, wissenschaftlicher Berater von France Stratégic, meint, das E-Auto sei zur Religion geworden. Wenn die Politiker zugeben würden, dass E-Autos, Solarzellen und Windräder, nicht die ultimative Lösung sind, um das Klima zu schützen, fallen alle Konzepte der Regierung, die den Planeten retten sollen, wie ein Kartenhaus in sich zusammen. In zwanzig Jahren werden wir aufwachen und feststellen, dass die CO_2-Werte mit den neuen Technologien nicht gesunken sind. Die nächste Krise ist somit vorprogrammiert.

In den letzten zwanzig Jahren wurden gewaltige

Summen von über tausend Milliarden als Subvention zum Bau von Wind- und Solaranlagen ausgegeben. Der Beitrag dieser alternativen Energien am gesamten Weltenergiebedarf beträgt lediglich zwei Prozent.

Um gleichviel Strom wie ein Kernkraftwerk zu generieren, braucht es Solarpanels mit einer Fläche von mindestens 100 Quadratkilometer. Daraus folgert ein Rohstoffbedarf, der bis 100mal höher liegt als bei einem AKW.

Um gleichviel Strom zu produzieren, wie ein AKW mit einer Leistung von einem Gigawatt braucht es bei uns eine Million Solaranlagen von einhundert Quadratmetern, eine Million Wechselrichter und etliche Millionen Kilometer Kupferkabel. Das bedeutet ein Kupferbedarf, der fünfzig Mal höher liegt als der eines AKWs.

Bild 4:   Kupfer Mine, Antapaccay
Peruanisches Hochland Foto: Sofía Yanjari

Akkus

Der grösste Energieverbrauch und CO_2-Ausstoss der Produktion von E-Autos wird durch die Batterieherstellung verursacht.

Ein Grossteil der Batteriezellen der Lithium-Akkus kommen aus China und Südkorea mit einem Kohlestromanteil von 60% (2019). Durch die geplante Steigerung der Menge für die weltweit steigende Nachfrage wird der Anteil von Kohlkraftwerken noch steigen. Die grössten Lithium-Vorkommen liegen im sogenannten «Lithium-Dreieck» zwischen Bolivien, Argentinien und Chile. Für die Herstellung von Lithium wird das mineralhaltige Grundwasser der Salzseen in Becken gepumpt zwecks Verdampfung. Der Grundwasserspiegel dieser trockenen Region (nur ca. 1mm Regen alle 5-20 Jahre) sinkt durch den gigantischen Wasserbedarf und verursacht somit eine Wasserknappheit der Flüsse, Wiesen und Feuchtgebiete. Es entstehen Staubwolken aus Lithiumcarbonat, welche sich in Ortschaften, Weideflächen und Schutzgebieten ablagern und gesundheitliche Probleme verursachen. Laut Bundesamt für Statistik ist das Recycling von Akkus heutzutage nicht wirtschaftlich, zumindest in der Schweiz.

Elektromotoren

Magnete stellen eine entscheidende Komponente von Motoren und Generatoren dar. Um den Wirkungsgrad zu erhöhen und die Kosten zu senken werden starke Permanentmagnete benötigt.

Gemäss Factsheet vom 15.5.2019 des deutschen Bundesamts für Umwelt liegt die Recyclingquote der seltenen Erdmetalle bei End of Life unter 1%

Benötigte Rohstoffe für Permanentmagnete
° Neodym
Praseodym
Terbium
° Dysprosium

Rohstoffe für die stärksten Magnete:
° Neodym
Eisen
Bor

° Bedenklicher Abbau in China

Ladestationen

Ein selten durchdachtes Problem sind all die nötigen Ladestationen, wenn wir alle Benziner und Dieselfahrzeuge durch Elektromobile ersetzen wollen. Das neue Netz der Ladestationen muss mit Kupfer-Leitungen erstellt werden. Das sind tausende von Kilometern Kupferleitungen. Dieses Kupfer wird in Minen mit fragwürdigem Umwelt- und Personenschutz abgebaut. Das ist alles andere als ökologisch und ausserdem kostenintensiv. Wir in der Schweiz können uns dies womöglich leisten. Was ist mit anderen Ländern? Bei vielen kommen wichtigere Prioritäten zuerst, bevor Geld für ein Stromnetz für Ladesäulen ausgegeben werden kann.

Da stellt sich die Frage, woher kommt der Strom? Haben wir nicht bereits jetzt Stromlücken? Kaufen wir den zusätzlichen Strom vom Ausland? Wie wurde dieser Strom hergestellt? Eventuell mit Öl- oder Gaskraftwerken oder mit den verteufelten AKWs. Wir in der Schweiz können diesen Strom mit allen Wasser-, Solar- und Windkraftwerken nicht produzieren. Auch nicht zusammen mit den bestehenden AKWs. Also machen wir uns wieder etwas vor. Diese Lüge wird, auch wenn sie tausend Mal von sämtlichen Politikern wiederholt gepredigt wird, nicht zur Wahrheit. Es ist sehr bequem von alternativen Energien zu plaudern. Wer den Mut hat die Wahrheit auszudrücken, verliert vermutlich die nächste Wahl.

Und was ist für einen Politiker schlimmer als nicht wiedergewählt zu werden. Unsere Politiker verdienen ihr Geld mit endlosen Diskussionen. Sie brauchen keine Lösungen zu präsentieren. Vor hundert Jahren waren Unternehmer in der Politik. Es wurden Taten beschlossen und ausgeführt, wie die ganze Schifffahrt, alle Berg- und Eisenbahnen. Heute wäre dies politisch nicht mehr möglich. Zu viele verschiedene Meinungen, die alles blockieren. Lohn für Lösungen wäre vielleicht ein Ansatzpunkt. Dann würde es sich nicht lohnen, jahrelang das Gleiche immer wieder zu diskutieren und zu verhindern.

Bild 5:   Windkraft Grossanlage von Siemes
          Grössenvergleich mit Baumaschinen

Windgeneratoren

Für durchschnittliche Windräder mit 5 MW Leistung (Bild 5), werden enorme Mengen an Rohstoffen benötigt.

Ebenfalls werden zusätzlich grosse Mengen Beton, 900 Kubikmeter, plus 150 Tonnen Baustahl für die Fundamente verwendet. Bei der Produktion von einer Tonne Stahl im Hochofen entweichen 1500 Kilogramm CO_2. Bei einer Tonne Beton sind es 600 Kilogramm. Dies belastet die CO_2-Bilanz erheblich (Tabelle 3).

Für die Generatoren werden die stärksten Magnete benötigt, um den Wirkungsgrad zu erhöhen und die Kosten zu senken.

Zudem werden Öle als Schmierstoffe und Kühlflüssigkeiten verwendet. Das Gas Schwefelhexafluorid, kurz SF6 wird als Isolator beim Transformator eingesetzt. Auch wenn es nur drei Kilogramm sind, kann dieses Gas die Umwelt belasten, da es ein Treibhausgas ist, das 23'000 mal schädlicher wirkt als CO_2. Ganz abgesehen von dem enormen Rohstoffbedarf für Windenergie ist die Schweiz zu klein, um sie mit Windgeneratoren zuzupflastern.

	Benötigte Rohstoffe einer 5MW Windkraft-Turbine
1800 t	**Beton**
150 t	Baustahl
40 t	Zink
30 t	Kupfer
20 t	Bauxit, Aluminium
20 t	Carbon (Rotoren)
15 t	Mangan
10 t	Chrom
8 t	Nickel
2 t	Molybdän
	Seltene Erdmetalle wie:
1 t	Neodym
	Dysprosium
	Terbium
	Praseodym
	Zusätzlich werden folgende Materialen benötigt:
	Silber
	Platin
	Zinn
	Selen
	Niob
	Blei

Tabelle 3: Rohstoffmaterialen Windturbinen

Solarmodule

Die Betriebsspanne von Solarmodulen beträgt ca. 25 Jahre. Strom aus diesen Modulen wird hauptsächlich im Sommer bei gutem Wetter während dem Tag produziert. Den Strom brauchen wir nachts, im Winter bei schlechtem Wetter. So müssten wir den produzierten Strom speichern. Speicher, meist Akkus, sind mit Verlusten verbunden, nicht langlebig und verursachen ökologische Belastungen. Das will wie so oft niemand wahrhaben.

Solarmodule sind dem Wetter ausgesetzt. Wenn die Oberfläche verunreinigt wird, sinkt der Wirkungsgrad. Daher fällt ein periodischer Reinigungsaufwand an. Eine neue absurde Idee ist, die Solarmodule in den Alpen zu verbauen. Die Module wären extremen Temperaturschwankungen und Steinschlag ausgesetzt. Zudem werden die Module im Winter oft zugeschneit, was den Stromertrag stark vermindert. Der Gesamtwirkungsgrad sinkt erheblich. Wie werden diese Module langfristig sauber gehalten? Der Wartungsaufwand wird auch hier unterschätzt. Dazu kommen noch die kilometerlangen Kabel, um den Strom dorthin zu führen, wo er gebraucht wird. Dies verursacht nochmals Verluste.

Bestandteile einer Solaranlage
- Die eigentlichen Module
- Metallische Aufständerung
- Verkabelung
- Wechselrichter
- Einspeisezähler
- Überwachungssysteme
- Steuerungsysteme
- Speichersysteme

Die Herstellung der Module stammt aus Kostengründen grösstenteils aus Asien.
Zweidrittel des Weltbedarfs von Silber wird für die Photovoltaik verwendet. 70 % des Silberabbaus kommt von Kupfer, Zink und Goldminen.

Siliziumherstellung ist sehr energieaufwändig. Die Veredelung von 100kg Rohsilizium verursacht eine CO_2-Emission von 500kg.

Rohstoffbedarf pro MW-Leistung	
170 t	Eisen, Stahl
69 t	Glas
35t	Aluminium
9.5 t	Kupfer
1.1 t	Zement
90 kg	Silber

Weitere Rohstoffe:

Blei oder Zinn

Nickel

Zink

Cadmium

Indium

Tellur

Gallium

Selen

Germanium

Neodym

Kunststoffe

Tabelle 4: Rohstoffmaterialien Solarmodule

Abbau Standorte und Abhängigkeiten

An die Erdöl Abhängigkeiten haben wir uns seit Jahrzehnten gewohnt. Auch die diversen Umweltkatastrophen, die durch Tankerhavarien oder geschädigte Pipelines verursacht werden, kümmern uns nicht mehr so gross.

Jetzt kommt eine neue Abhängigkeit dazu, die Abhängigkeit von den seltenen Erdmetallen. Von 1965 bis 1995 war die Mountain Pass Mine in der Nähe des Nationalpark Mojave National Preserve in Kalifornien die grösste Seltenerdmine der Welt. Nach einer Bundesuntersuchung wurde der Abbau für die kalifornische Wüste als zu teuer erachtet. 2300 Liter radioaktives Wasser und anderes gefährliches Abwasser wurde in die Böden versickert. Darum wurde diese Mine geschlossen und die Produktion von Seltenerdmetallen in den USA gestoppt. Somit kontrolliert seit der Jahrtausendwende China diesen Handel. Bis 2010 kontrollierte China 97% des Welthandels. Durch die Exportbeschränkung wurde die Welt aufgerüttelt und hat neue und zum Teil bestehende Minen in Betrieb genommen. Heute kontrolliert China noch 80% des weltweiten Bedarfs. Die Weltgemeinschaft fühlt sich jetzt sicherer. Eine Kontrolle von 80% des Weltbedarfs könnte durchaus als Monopolstellung bezeichnet werden. Die Welt ist abhängig von China, Punkt. In China kann zu Preisen abgebaut werden, die andernorts nicht möglich sind.

In China wird mit sehr hohen ökologischen Kosten abgebaut, die wir alle nicht wahrhaben oder schlichtweg nicht wissen wollen. Politiker sollten jedoch informiert sein, da sie doch eine Armee von Beamten haben, die auf den vielfältigsten Gebieten hunderte von schönen Statistiken mit unendlich vielen Zahlen produzieren. Diese Kosten werden ökonomisch nicht eingerechnet. Wenn wir jedoch unser grünes Gewissen rein halten wollen, müssen wir das tun.

Verursachte lokale Katastrophen

Metalle der seltenen Erden sind nicht selten. Sie kommen jedoch nur in geringer Konzentration vermischt mit anderen Mineralien vor. Daher ist der Abbau mit Schwierigkeiten wie Umweltschäden und Menschenrechtsverletzungen sowie hohem Energieaufwand verbunden.

China

Die meisten der heute für die „grüne" Industrie gebrauchten Metalle werden in China abgebaut. Für die Energiewende unserer westlichen Gesellschaften nehmen die Chinesen besonders hohe Umweltschäden und Verluste von Menschenleben in Kauf.

Grosse Rückstände mit giftigen Abfällen werden in künstlichen Teichen gelagert. Dadurch wird das Grundwasser vergiftet mit katastrophalen Folgen für Mensch und Umwelt.

Die meisten „seltenen Erden-Lagerstätten" enthalten radioaktive Materialien wie Thorium und Uran. Durch die Aufbereitung der Metalle entstehen hochgiftige Abfälle.

Es herrschen unmenschliche Arbeitsbedingungen. Die Krebsrate der Bevölkerung ist sehr hoch. Böden, Luft und Wasser sind grossflächig vergiftet. Weniger als 1% wird recycelt. Machbarkeit und Wirtschaftlichkeit liegen bis auf weiteres noch weit auseinander

Heute wird 10% des Strombedarfs aus erneuerbaren Energien produziert. Bis 2050 sollen es 50% sein. Für dieses Szenario werden die seltenen Erdmetalle für Heizung, Beleuchtung, Mobilität und Technik unverzichtbar.

67% des Weltbedarfs von Graphit stammen aus China. Die Minmetals Group betreibt in der Provinz Heilongjiang Yunshan Graphit Minen.

Veraltete Fabriken ohne Filteranlagen verursachen riesige Mengen Staub in der Luft, die einen viele Quadratkilometer grossen Staubteppich in der Region verursachen, Arbeiter tragen keine wirksame Schutzkleidung und sind hohem Krankheitsrisiko ausgesetzt. Die Pflanzen sind ohne Blätter. Die Fruchtbarkeit der Böden sinkt.

Bild 6:   Bayan Obo Mine, Mongolei

Bild 7:   Giftiger See, Bayan Obo Mine
           Mongolei

Die CO_2-Emissionen in diesen veralteten Fabriken
sind riesig, nur damit in der westlichen Welt saubere
Luft herrscht und das Klima „gerettet" wird.

Ingenieure wissen, dass um etwas „sauberes" herzustellen immer Emissionen entstehen. Alles hat Auswirkungen.

In Baotou der inneren Mongolei werden in der
grössten Mine der Welt (Bild 6), die seltenen Erden abgebaut. Die illegale Entsorgung der Abwässer
mit Schwermetallen und giftigen Chemikalien und
radioaktivem Thorium bilden riesige Seen, welche
wiederum das Grundwasser vergiften (Bild 7). Die
Bauern rund um Baotou mussten ihr Land verlas-
sen, um in seelenlosen Grossstädten zu überleben.
Die Krebsrate, verursacht durch das Wasser, ist sehr
hoch.

Es türmen sich Berge von Rückständen mit Chemikalien verseucht und radioaktiv rund um die Pro-

duktionsstätten und wachsen täglich.

Auch die Luft wird durch giftige Abgase verseucht. Um den gewaltigen Wasserbedarf zu decken, wird der Umgebung Wasser entzogen, da die Flüsse und das Grundwasser abgepumpt werden.

Der Abbau ist auch sehr Energie intensiv. Der nötige Strom wird aus Kohlekraftwerken hergestellt mit riesigen CO_2-Emissionen.

Die Menschenrechte werden mit Füssen getreten. Es existieren keine Arbeitsschutzmassnahmen. Die Menschen, dazu zählen auch Kinder, arbeiten für geringe Löhne und müssen schwere, gesundheitliche Schäden in Kauf nehmen (Bild 8).

Chile

In Chuquicamata, Chile befindet sich der grösste Kupfer Tagebau der Welt (Bild 9), gefolgt von Peru und dem Kongo. Seit 2019 wird auch unterirdisch abgebaut. Die Grube hat einen Durchmesser von 4km und ist 1km tief. Genau wie die Graphit-Minen in China vergiftet auch der Kupferabbau die Böden und Gewässer mit den schwermetallhaltigen Abwässern. Um ein Kilogramm Kupfer (benötigte Menge für ein Solarmodul) abzubauen, entstehen 200 Kilogramm Bergbauschlämme, sogenannte Tailings. Sie bestehen aus vermahlenem Erz, aufgelöst in diversen Säuren, Basen und Lösungsmitteln. Dieses Gemisch enthält viel Arsen, Cadmium, Quecksilber, Blei und

Bild 8: Rohstoffabbau, Kongo
         Kinderarbeit

Bild 9: Mina de Chuquicamata, Chile

Schwermetalle. Diese Bergbauschlämme werden
selbst in industrialisierten Ländern meist in riesigen,
offenen Staubecken gelagert oder teilweise, meist in
fernen Ländern, direkt in Flüssen entsorgt. Etwa eine
Million Quadratkilometer wird heute weltweit von

Bergbauabfällen belegt. Diese Fläche ist 24 mal so gross wie die Schweiz.

Rund um die Mine hat es zum Teil seit 500 Jahren nicht mehr geregnet. Der Abbau und die anschliessende Veredelung des Kupfers erfordern in dieser Mine 2000l Wasser pro Minute, die mit riesigen Tanklastwagen herangekarrt werden. Das kontaminierte Gebiet umfasst mehrere 10'000 km².

In Antofagasta 400km entfernt an der Westküste befindet sich der Industriehafen, um das Kupfer in alle Welt zu exportieren. Die Luft dieser Grossstadt ist voller Schwermetallpartikel. Gemäss Studien des Arztes Aliro Bolados (President der medizinischen Universität in Antofogasto) ist das Lungenkrebsrisiko massiv erhöht. Seine Studien wurden stets abgelehnt. In Antofagasta sind in einigen Vierteln 10% der Einwohner an Krebs erkrankt.

Ganz ähnlich sieht es aus bei den anderen zwei gros-

Bild 10: Hafen von Blivar, Kolumbien

sen Kupferabbauländern Peru und Kongo. Einige wenige machen gewaltig Profit und nehmen soziale, ökologische und menschenrechtliche Katastrophen in Kauf.

Tocopilla liegt 300km nördlich von Antofagasta, ebenfalls an der Küste. Von dort kommt der Strom für die Kupferproduktion in Chuquicamata. Dieser wird mit einem riesigen Kohlekraftwerk hergestellt. Die Luft ist stark kontaminiert und verursacht dadurch eine hohe Lungenkrebsrate. Das Kohlekraftwerk wird von der französischen Firma Engie betrieben, das in Frankreich als sauberes Unternehmen gilt, welches erneuerbare Energien fördert. Total betreibt die Firma Engie sechs Kohlekraftwerke, um Strom zu erzeugen und plant sogar ein siebtes. Laut Geschäftsleitung unterstützt Engie die Regierung in Chile bei den erneuerbaren Energien mit Kohlekraftwerken, damit Chile nicht in der Dunkelheit versinkt. Das ist in sich ein Widerspruch, aber was niemand sieht und wissen will, existiert nicht.

Die Kohle wird zudem von Kolumbien, dem weltweit grössten Kohleproduzenten tausende Kilometer übers Meer (Bild 10), sowie von Neuseeland eingeschifft.

Kolumbien

Der Kohleabbau verursacht riesige Umweltschäden. Wälder werden gerodet, es entstehen riesige Mondlandschaften. Die Luft wird verschmutzt, die Flüsse und das Grundwasser werden durch toxische Abfälle verseucht. Die knappe Wassersituation wird zusätzlich verschärft. Der Kohleabbau hinterlässt in manchen Regionen irreparable, ökologische Schäden, sodass diese Regionen ihr Land und damit ihre Lebensgrundlage verlieren ohne angemessene Entschädigungszahlungen. Und wie überall beim Rohstoffabbau in Entwicklungs- und Schwellenländern werden auch in Kolumbien beim Kohleabbau die Menschenrechte in keinster Weise eingehalten. Die Arbeiter zahlen einen hohen, gesundheitlichen Preis für sehr unmenschliche Arbeitsbedingungen und sehr geringe Löhne. So werden auch Vertreibungen von Zehntausenden aus ihrer Heimat wie die Ermordung von tausenden Menschen in Kauf genommen. Besonders in der Kritik steht der weltweit grösste Minen-Betreiber Glencore mit Sitz in Baar.
Die Schiffe, welche die Kohle nach Chile transportieren, verschmutzen zusätzlich noch die Meere.

Norwegen

Die Norweger sind stolz. Sie zählen sich zu den umweltbewusstesten Ländern der Welt. Die E-Mobilität ist hier weit fortgeschritten. Im Jahr 2020 waren 50% aller neu eingelösten Autos „emissionsfrei". Zumindest keine Abgase. Das Ziel der Regierung ist im Jahr 2025, 100% emissionsfreie Neuzulassungen. Das würde auch einen Ausbau der Ladestationen von 400 auf 8000 bedeuten. 20 mal mehr Ladestationen mit ihren Stromanschlüssen und Strombedarf. Die Regierung fördert diesen Ausbau stark. Auf E-Autos fallen keine Mehrwertsteuern ab. Es werden keine Maut-Gebühren verlangt. Viele Parkplätze sind für E-Autos gratis. Tommy Skjervold, Staatssekretär für Transport und Kommunikation im Königreich Norwegen kritisiert die Berechnung der CO_2-Emissionen von E-Autos. Er findet „diese" schizophren, da sie an der Landesgrenze zu enden scheint und der Nutzen höchstens der verminderten Luftverschmutzung des Transportsektors vor der eigenen Haustür dient. Dazu ist Norwegen der siebtgrösste Erdöl-Exporteur weltweit. In Norwegen ist ein Öl-Rausch ausgebrochen. Norwegen wirtschaftet wie eine Ölunternehmung. Durch den Verkauf riesiger Ölmengen werden die Emissionen verkauft und exportiert und dadurch die grüne Technologie im eigenen Land als Klima-Lösung angeboten.

Brasilien

Grösster Eisenerzabbau weltweit, Carajas-Mine. Daneben existieren weitere 40 Abbauminen. Brasilien erwirtschaftet ca. 90% seiner Exporteinnahmen durch den Abbau von Eisenerz.

Riesige Flächen von Regenwäldern müssen der Mine, die sich stetig ausweitet, weichen.

Bei der anschliessenden Verhüttung (Verarbeitung von Erzen in metallurgischen Öfen zu Roheisen) ist sehr viel Energie von Nöten. Diese Energie wird von hunderten von Köhlereien (Kohleherstellung), die wieder Unmengen Holz verschlingen und mit viel CO_2-Emissionen die Luft belasten, bereitgestellt.

In Kokereien (Koksherstellung aus Kohle) herrschen gemäss Greenpeace menschenunwürdige, sklavenähnliche Arbeitsbedingungen. Der Koks wird als Reduktionsmittel in den Hochöfen eingesetzt. Der Koks besteht aus fast reinem Kohlenstoff ohne Schwefel und anderen Bestandteilen, die die Herstellung von Roheisen stören. Das Roheisen wird in 3km langen Zügen, bestehend aus 330 Wagons, 900km weit zur Küste transportiert. Über 20 Züge jeden Tag. Dafür wurden viele Flüsse umgeleitet oder blockiert. Auf der Strecke passieren viele Unfälle, da diese Züge nicht anhalten können. Die Regionen profitieren nicht von diesem Geschäft. Sie bleiben strukturell schwach entwickelt, mit einer hohen Arbeits- und Hoffnungslosigkeit. Die Profite fliessen nur an Firmenbosse und in korrupte Staatsapparate. Regelmässig wird von Besserung gesprochen aber in Realität besteht für die Bevölkerung kein Recht auf Gesundheit oder einen angemessenen Lebensstandard.

Bild 11: Armeen der Warlords, Kongo

Bild 12: Rebellengruppe, Rwanda
auf Staatsgebiet Kongo

Kongo

Akkus kommen zu 90% aus China. Das Kobalt beziehen die Hersteller direkt vom chinesischen Minenkonzern Zhejiang Huayou Cobalt, der in unzähligen, kleinen zum Teil primitiven Minen in der Region Katanga im Ostkongo das Erz einkauft. Dieses wird zum Teil durch Kinderarbeit abgebaut. Auch wird im Kongo in der Region Kiwu Tantal als Coltan Erz abgebaut, das in den vielfältigsten, elektronischen Komponenten vorkommt. Die Erträge finanzieren die Warlords der Region, die ihrerseits wieder die Folgekonflikte des Bürgerkriegs finanzieren (Bilder 11+12).

Verpönte Oldtimer Autos

Viele der selbst ernannten Weltverbesserer wettern über die Oldtimer-Fahrer. Sie bräuchten zu viel Benzin und die Abgase sind schlecht. Und zu laut sind sie auch noch.

Oldtimer sind ein Kulturerbe. Solche genial konstruierten Autos werden heute nicht mehr gebaut. Bei jedem Oldtimer Anlass sind tausende von glücklichen Zuschauern anwesend. Diesen wunderschönen Autos zuzusehen, bringt nostalgische Herzen zum Klingen.

Die meisten Oldtimer fahren bereits seit 50 bis 100 Jahren. Die Rohstoffe für ein Auto werden nur einmal für 50 bis 100 Jahre gebraucht. Neue Autos haben nach 10 Jahren ausgedient. Für die gleichen Jahre braucht es daher 5 bis 10 Autos mit entsprechendem Rohstoffbedarf.

Die Kilometerleistung der Oldtimer ist meistens auf 3000km pro Jahr beschränkt und wird sehr oft nicht ausgenutzt. Sind die Oldtimer das grosse Problem, das unsere Umwelt belastet und das Klima schädigt? Zudem gibt es schon lange eine Alternative für Benzin, sogenannte E-Fuels. Diese könnten von den OPEC-Ländern als Alternative zu Öl produziert werden. Dazu braucht es Wasserstoff, welcher mit Solarstrom in Wüstenregionen hergestellt wird, mithilfe von CO_2 aus der Atmosphäre zu synthetischem Benzin verarbeitet. Bei der Verbrennung wird die gleiche Menge CO_2 wieder freigesetzt. Daher kann von einem klimaneutralen Kreislauf gesprochen werden. Dieses Verfahren ist eine Speicherung von produziertem Strom in Kraftstoff. Es können die bestehenden Transportkanäle inkl. Feinverteilung, wie Tanksäulen, genutzt werden. Auch die Benziner müssen nicht abgeändert werden. E-Fuels können mit Benzin vermischt werden. Die synthetischen Kraftstoffe könnten die fossilen Treibstoffe problemlos ersetzen. Dasselbe funktioniert auch für den Flugverkehr. Einziger Wermutstropfen im Moment sind die noch hohen Preise. ca. CHF 6.00 pro Liter (2024). Die Kosten sind so hoch, da nur kleine Mengen hergestellt werden. Diese werden sicherlich mit der wachsenden Nachfrage sinken und sich dem Normalbenzin angleichen.

Graue Energie

Wie hoffentlich auf diesen Seiten gut erkennbar wurde, wird Energie benötigt, um Rohstoffe zu fördern, Produkte herzustellen oder umzuwandeln. Der Transport der Produkte an die gewünschten Standorte braucht auch Energie. Dazu werden Transportmittel benötigt, die hergestellt werden mussten, sowie Treibstoffe um diese anzutreiben. Die Produktionswerke und -anlagen benötigten Energie bei deren Herstellung. Die Grundstücke, die vorbereitet werden mussten, verbrauchten ebenfalls Energie. Die Baumaschinen, um die Werke zu erstellen, mussten hergestellt werden. Dazu wurde Energie benötigt. Der Betrieb derselben brauchte Treibstoffe. Wartungsarbeiten benötigen ebenfalls Energie. Zuletzt wird Energie benötigt, für den Rückbau oder die Entsorgung aller hergestellten Anlagen an deren Lebensende.

In all diesen Prozessen werden Treibhausgas-Emissionen verursacht.

Es ist eine unendlich, lange Verkettung von benötigter grauer Energie und verursachten Umwelteinflüssen, die immer gerne vergessen werden in den wunderbaren Berechnungen der Produktion von alternativen Energien.

Das Kapital mit den kaum wieder gut zu machenden ökologischen Boden-, Luft- und Gewässervergiftungen ist ein weiterer Aspekt, deren wahre Kosten

„Niemand“ beziffern kann.

Zusammengefasst lügen uns alle etwas vor, da wir alle belogen werden wollen, damit wir mit gutem Gewissen ruhig schlafen können. Es gäbe nur EINE vernünftige Lösung. Wir müssen lernen, mit weniger glücklich zu sein. Verzichten ist allerdings nicht sehr populär bei uns und bei Politikern.

Fazit

Ich bin mir bewusst, dass dieses Buch nicht wissenschaftlich fundiert ist. Ebenfalls ist das Thema der erneuerbaren Energien mit ihren grünen und sauberen Technologien, die jedoch anderswo beträchtliche Umweltschäden verursachen, nicht abschliessend betrachtet. Vieles wird sich in den nächsten Jahrzehnten hoffentlich zum Besseren entwickeln. Trotzdem hoffe ich, weist dieses Buch auf die Tatsache hin, dass wir in unserer westlichen Welt etwas naiv das Klima retten wollen. Klima retten nur innerhalb der Landesgrenzen geht nicht. Wollen wir das Klima positiv beeinflussen, müssen wir etwas grösser denken und vor allem konsequenter handeln.

Wir nehmen unser Nicht-Wissen-Wollen bequem in Kauf und fühlen uns besser, da wir denken unseren Beitrag zum Klimaschutz, mit dem Kauf eines E-Autos geleistet zu haben. Ich hoffe dieses Buch zeigt auf, dass wir unseren grünen Umhang und die Scheinheiligkeit ablegen sollten. Wir sollten lernen, all die angepriesenen, neuen Wundertechnologien etwas kritischer zu betrachten. Unternehmer und Politiker waren noch nie dafür bekannt, die Wahrheit zu verbreiten. Unternehmer sehen alles durch die Brille der Rendite, und dies eher kurzfristig. Politiker tun alles, um wiedergewählt zu werden. Sie reden viel, meist nicht zu ende gedachtes. Zu allem Übel werden sie für das unendliche Gerede noch

fürstlich entlöhnt. Lösungen sind dafür nicht not-
wendig. AKWs abschalten tönt grün und modern,
entspricht dem Trend wenigstens im Moment. Doch
woher den fehlenden Strom hernehmen, da niemand
sich einschränken und weniger verbrauchen will. Es
gibt nichts umsonst. Falls AKWs abschalten nicht
mehr dem Trend entspricht, werden Politiker schnell
etwas anderes von sich geben.

Vielleicht sollten wir unsere Regierungen und Parla-
mentarier etwas kritischer wählen. Wir wollen keine
Schönredner, sondern Menschen, denen das Wohl
der Mitmenschen wichtig ist und dadurch umsichtig
und weitsichtig in die Zukunft investieren.

Wenn heutige alternative Technologien als Klima-
Lösungen angeboten werden und deren Einführung
durch grosse Subventionen und Vergünstigungen ge-
fördert werden, verbauen wir uns die Möglichkeit,
später bessere Lösungen zu realisieren. Niemand ist
motiviert Geld auszugeben, um soeben installierte
Anlagen wieder durch andere zu ersetzen. Und diese
neuen Lösungen werden kommen, da die technischen
Möglichkeiten sich in rasantem Tempo weiterentwi-
ckeln. Zum Beispiel die Wasserstoff-Technologie,
um die erzeugten Stromüberschüsse in Form von
Wasserstoff zu speichern. Dazu müssen die Materi-
alen der Wasserstoffversprödung widerstehen. Das
Fraunhofer-Institut hat seit kurzem einen Teststand,
um Materialien diesbezüglich zu testen. Damit ist
die Power-to-Gas Technologie einen Schritt weiter,

Wasserstoff mittels Elektrolyse unter Einsatz von Strom in Zukunft als Brenngas und Energieträger serienmässig zu verwenden.

Wir können zusätzlich einen persönlichen Beitrag leisten, indem wir lernen uns einzuschränken und auf gewisse Annehmlichkeiten zu verzichten. Wie bereits im Vorwort erwähnt, passt das Sprichwort von Joseph Simrock:

„Nicht wer viel hat, ist reich, sondern wer wenig bedarf."

Quellen

- Öko-Institut e.V., Freiburg, DE.

- Das Netzwerk der „Seltenen Erden" am Beispiel von Neodym. Uni Graz.

- Bericht des Bundesrates. Die Versorgung der Schweiz mit seltenen Erden. 14.12.2018.

- Medienmitteilung des Bundesamtes für Energie. 75 Prozent des Stroms aus Schweizer Steckdosen stammten 2019 aus erneuerbaren Energien. 07.09.2019.

- Das schmutzige Geheimnis sauberer Windräder. Das Erste. Panorama. 28.04.2011. | 21:45 Uhr.

- Umweltsünder E Auto. Arte France. Doku. 20.11.2020.

- Vom Erz zum Auto. Misereor in Aachen, Brot für die Welt in Stuttgart, Global Policy Forum Europe in Bonn. 2012.

- WDR und BR Doku. Kann das Elektroauto die Umwelt retten? 2019.2020.

- Wuppertal Institut für Klima, Energie, Umwelt. Prof. Dr.-Ing. Manfred Fischedick. Wuppertal.

- Fraunhofer Institut INI. Prof. Dr. Martin Wietschel. Karlsruhe.

- Dr. Harald Lesch. Prof. für Physik an der Ludwig-Maximilians-Universität München.

- Agora Verkehrswende. Christian Hochfeld. Direktor. Berlin.

- Die toxische Seite der Solarpanels – Sonnenenergie soll die Welt retten, doch sie verursacht gigantische neue Probleme.

- Solarstrom, er ist dreckiger als viele denken.
https://www.nzz.ch/meinung/solar strom- er-ist-dreckiger -als-viele-denken- ld.1723091
Walter Rüegg, ETH Kern- und Teilchen- physiker. NZZ. 23.01.2023.

- Ein Update zur Klimabilanz von Elektrofahrzeugen Fraunhofer-Institut für System- und Innovationsforschung ISI.
Martin Wietschel, Karlsruhe. 01.01.2020.

- Performance-Check Automobilindustrie. Verantwortungsvoller Rohstoffbezug? Eine Analyse von Industrieinitiativen und Nachhaltigkeitsberichten.
Merle Groneweg. 01.12.2020.

- Kurz zu Klima. Silizium - ein Rohstoff, der es in sich hat. Ifo Schnelldienst 9/2021. 74. Jahrgang. Jana Lippelt, Jennifer Steigmeier, Anita Wölfl. 15.09.2021.

Einblicke in die Kunst

KARATE-DO

In vielen Jahrhunderten entwickelten sich unzählige Verteidigungskünste, welche auf den ersten Blick nur wenige Ähnlichkeiten aufweisen. Auf den zweiten Blick zeigt sich allerdings ein ganz anderes Bild. Trotz der Unterschiede bestehen erstaunlich viele Gemeinsamkeiten .....

.... In dieser Sichtweise gibt es ausser den eigenen Schwächen nichts und niemanden zu besiegen. Dies erklärt, warum frühere Schulen und ein Teil der Heutigen, Wettkämpfe als Nebensache betrachten oder diese ganz weglassen. ......

Jede Meister-Schüler-Beziehung beginnt mit klaren Rollenverteilungen, meist grossen Erwartungen und einem grossen Gefälle. Der Meister ist oben, der Schüler unten. Der Meister gibt, der Schüler erhält. ...... Die Meister-Schüler-Beziehung ist anfangs unreal, von Illusionen und grosser Distanz geprägt.

2012. 172 Seiten
Books on Demand GmbH, Norderstedt
ISBN 978-3-8448-1544-3

Berg Elstern

Die Bedeutung hinter den Worten

Oft trügt der erste Schein. Worte, die wir im Alltagsgebrauch ständig verwenden, drücken meist viel präziser aus, was wir wirklich vermitteln wollen, als wir uns bewusst sind. In den letzten über dreissig Jahren lernte ich in meinen Vorträgen immer mehr über die wahre Bedeutung der Worte.

Was teilnehmen bedeutet, ist vielen nicht bewusst. Das Wort erklärt es bereits. Es heisst nicht teilbekommen. Teilnehmen ist ein aktiver Prozess.............

Verrückt sein heisst, Bewegung zulassen. Wenn sich etwas bewegt hat, dann ist es verrückt, da es sich nicht mehr am gleichen Ort befindet. ....

Nimm Rücksicht, sei vorsichtig wird uns schon früh eingetrichtert. Was bedeuten diese Worte genau? Vorsicht bedeutet vorausschauen, Rücksicht zurückschauen. Was oft auf der Strecke bleibt, ist das jetzt hinschauen. ....

2021. 80 Seiten
Books on Demand GmbH, Norderstedt
ISBN 978-3-7526-2223-2

Keine halben Sachen

Lebe jeden Tag

Ich hatte das „Glück", auf meinem Lebensweg Situationen erleben zu dürfen, wo mein ganzes Wesen genau wusste, was zu tun ist. Ebenfalls durfte ich Schüler von Lehrern sein, die mich entscheidend prägten. Das gemeinsame, sich wiederholende Lebensmotto hiess: Keine halben Sachen.

So wie jedes Individuum sich in sein Leben gibt, so wird das Leben genau „das" zurückgeben. Das Leben ist für jede Person eine andere Erfahrung, obwohl wir uns zur gleichen Zeit am gleichen Ort befinden und evtl. sogar die gleichen Situationen durchleben. Wie wir diese allerdings erleben, ist völlig verschieden.

.... Ich habe absichtlich „wirklich" geschrieben, da das Leben wirkt und nicht ist. Wenn wir nun etwas in unserem Leben, für das wir vollkommen selbstverantwortlich sind, ändern wollen, klappt dies nur, wenn wir mit unserem ganzen Wesen wissen, was wir wollen.

2021. 96 Seiten
Books on Demand GmbH, Norderstedt
ISBN 978-3-7534-3867-2

Beeindruckend Ausdrücken

Rhetorische „Geheimnisse"

„Jimmy, geb. 1931 in Marion, einer kleinen Stadt in Indiana, USA. Er liebte Motorräder und schnelle Autos. Er spielte die Hauptrolle in drei legendären Filmen der 50er Jahre:
• Jenseits von Eden
• Denn sie wissen nicht, was sie tun
• Giganten
Wie ihr sicher bereits bemerkt habt, spreche ich vom Filmstar James Dean."

Die letzten 10 Jahre habe ich an Schulen und Hochschulen verschiedene Ausbildungen abgeschlossen. Dabei musste ich feststellen, dass es sehr wenig gute Referenten und Dozenten gibt. Die meisten haben uns Studenten mit hundertseitigen PowerPoint Folien „totgeschlagen".

Darum habe ich mich jetzt entschlossen ein Buch zu veröffentlichen mit den wichtigsten "Geheimnissen", damit alle, die Vorträge machen (müssen), sich eindrucksvoll ausdrücken können.

2021. 76 Seiten
Books on Demand GmbH, Norderstedt
ISBN 978-3-7534-4441-3